DATE DUE

BLAZERS
Bilingüe/Bilingual

EN CUMPLIMIENTO DEL DEBER/LINE OF DUTY

LA AGENCIA CENTRAL DE INTELIGENCIA
DETIENE A LOS TERRORISTAS

THE CENTRAL INTELLIGENCE AGENCY
STOPPING TERRORISTS

por/by Connie Colwell Miller

Consultor de contenido/Content Consultant:
Kenneth E. deGraffenreid
Profesor de Estudios de Inteligencia/
Professor of Intelligence Studies
Institute of World Politics
Washington, D.C.

CAPSTONE PRESS
a capstone imprint

Blazers Books are published by Capstone Press,
1710 Roe Crest Drive, North Mankato, Minnesota 56003
www.capstonepub.com

Library of Congress Cataloging-in-Publication Data
Miller, Connie Colwell, 1976–
  [Central Intelligence Agency. Spanish & English]
  La Agencia Central de Inteligencia : detiene a los terroristas / por Connie
Colwell Miller = The Central Intelligence Agency : stopping terrorists / by
Connie Colwell Miller.
        p. cm.—(En cumplimiento del deber/Line of duty)
  Includes index.
  ISBN 978-1-62065-172-8 (library binding)
  ISBN 978-1-4765-1378-2 (ebook PDF)
  1. United States. Central Intelligence Agency—Juvenile literature.
  2. Intelligence service—United States—Juvenile literature. I. Title.
JK468.I6M52 2013
327.1273—dc23   2012018068

Summary: Describes the CIA, including what it is and what CIA
agents do—in both English and Spanish

Editorial Credits
Jennifer Besel, editor; Strictly Spanish, translation services; Bobbi J. Wyss,
designer; Eric Manske, bilingual book designer; Wanda Winch, media researcher;
Kathy McColley, production specialist

Photo Credits
AP Photo/Christopher Morris/VII, 15
Capstone Press/Karon Dubke, 6–7
Corbis/Gabe Palmer, 11; Jeff Rotman, 20; Reuters/Desmond Boylan, 29;
    Reuters/Jason Reed, 8–9; Roger Ressmeyer, 21, 27; SABA/Lynsey
    Addario, 14; SYGMA/Larry Downing, 22 (top)
Folio, Inc./Michael Patrick, 4–5
Getty Images Inc./AFP/Tim Sloan, 24; Justin Sullivan, 25; Newsmakers/David
    Burnett, cover; Time & Life Pictures/Wil Blanche, 16–17; U.S. Central
    Command, 22 (bottom)
Landov LLC/Dennis Brack, 19 (bottom)
Shutterstock/Alex Saberi, 12–13; Galina Barskaya, 28; Ursula, 19 (top)

Printed in the United States of America in Stevens Point, Wisconsin.
092012   006937WZS13

TABLE OF CONTENTS

TABLA DE CONTENIDOS

UNDERCOVER SPIES

Foreign leaders, watch out!
Secrets are never safe. Spies for the
Central Intelligence Agency (CIA)
will uncover hidden plans.

[foreign—from another country]

ESPÍAS ENCUBIERTOS

¡Líderes extranjeros, tengan cuidado!
Los secretos nunca están seguros. Los espías
de la Agencia Central de Inteligencia (CIA)
descubrirán planes escondidos.

[extranjeros—de otro país]

The CIA works to find out about threats to U.S. safety. CIA workers search the Internet for enemy plans.

FACT! The CIA spies on almost every country — not just the ones we think are dangerous.

La CIA trabaja para hallar amenazas a la seguridad de EE.UU. Los trabajadores de la CIA buscan en Internet planes del enemigo.

¡DATO!

La CIA espía en casi cada país, no solo en los países que creemos peligrosos.

IN HONOR OF THOSE MEMBERS
OF THE CENTRAL INTELLIGENCE AGENCY
WHO GAVE THEIR LIVES IN THE SERVICE OF THEIR COUN

Each star stands for a spy
who died in the line of duty.

Cada estrella representa un espía que
murió en el cumplimiento del deber.

CIA spies work **undercover** in foreign countries. Their job is to steal secrets. They want to find out what others are planning.

[**undercover**—in secret]

FACT!

A CIA spy's job is very secret. Often only one other CIA worker knows that spy works for the agency.

Los espías de la CIA trabajan encubiertos en países extranjeros. Su trabajo es robar secretos. Ellos quieren descubrir lo que otros están planeando.

[encubiertos—en secreto]

¡DATO!

El trabajo de un espía de la CIA es muy secreto. A menudo solo otro trabajador de la CIA sabe que ese espía trabaja para la agencia.

9

GATHERING INFORMATION

CIA spies work inside foreign offices. Spies pay people for information. The information might tell where weapons are stored.

REUNIR INFORMACIÓN

Los espías de la CIA trabajan dentro de oficinas extranjeras. Los espías pagan a ciertas personas para obtener información. La información podría decir dónde hay armas almacenadas.

CIA spies get people from other countries to be **agents** for the CIA. The CIA pays agents to share information about their countries' plans.

[**agent**—a person who is hired by a
CIA spy to get information about
their own country]

Los espías de la CIA contratan a personas de otros países para que sean **agentes** de la CIA. La CIA paga a los agentes para que compartan información sobre los planes de sus países.

[**agente**—una persona que es contratada por
un espía de la CIA para obtener información
sobre su propio país]

CIA agents take great risks by selling secrets to the United States. They could be put in prison or even killed by their own countries.

Los agentes de la CIA corren grandes riesgos por vender secretos a Estados Unidos. Podrían ser enviados a prisión o hasta asesinados por sus propios países.

Agents work inside **terrorist** groups.
They try to learn where these enemies
might strike next.

[**terrorist**—someone who uses violence
and threats to frighten people]

**Terrorist Threat Integration
Center at the CIA**

**Centro de Integración de Amenazas
de Terroristas en la CIA**

Los agentes trabajan dentro de grupos
terroristas. Ellos tratan de descubrir dónde
estos enemigos podrían atacar la próxima vez.

[**terrorista**—alguien que usa la violencia y las
amenazas para asustar a la gente]

15

In 1982, the CIA put a virus in some computers to ruin Russia's plans. The virus caused a pipeline to blow up.

En 1982, la CIA puso un virus en algunas computadoras para arruinar los planes de Rusia. El virus causó que una tubería de distribución explotara.

CIA spies also give enemies false information. Spies try to confuse enemies and ruin their plans.

La CIA también da información falsa a sus enemigos. Los espías tratan de confundir a los enemigos y arruinar sus planes.

SECRET-STEALING TOOLS

Spies use equipment to get information. They use hidden cameras to take pictures of documents. Enemies won't know the spies have their secrets.

HERRAMIENTAS PARA ROBAR SECRETOS

Los espías usan equipos para obtener información. Usan cámaras escondidas para tomar fotos de documentos. Los enemigos no sabrán que los espías tienen sus secretos.

CIA spies use bugs to listen in on private talks. Spies put bugs called taps inside telephones. Taps help spies listen in on phone calls.

Los espías de la CIA usan micrófonos ocultos para escuchar conversaciones privadas. Los espías colocan micrófonos ocultos en los teléfonos para escuchar llamadas de teléfono.

Operations Center at the CIA

Centro de Operaciones en la CIA

Building Pax are carrying ammo to and fro.

Building Pax lleva y trae municiones.

Mortar Position

Posición de mortero

Iman Ali Shrine

Santuario de Iman Ali

The CIA uses **satellites** to see things in other countries. Satellites take pictures. The pictures might show the size of an enemy's army.

[**satellite**—a spacecraft used to send and receive information]

Satellites can zoom in very close. CIA workers can see how many airplanes an enemy has at a base.

La CIA usa **satélites** para ver cosas en otros países. Los satélites toman fotos. Las fotos podrían mostrar el tamaño del ejército de un enemigo.

[**satélite**—una nave espacial usada para enviar y recibir información]

Los satélites pueden usar el zoom hasta ver bien cerca. Los trabajadores de la CIA pueden ver cuántos aviones un enemigo tiene en una base.

Sometimes spies use disguises to hide. They change their hair, clothing, and even their voices. Spies are also trained to change the way they walk when in a disguise.

FACT! Spies often use makeup or fake body parts to make themselves look different.

A veces los espías usan disfraces para esconderse. Cambian su cabello, ropa y hasta sus voces. Los espías también son entrenados para cambiar la manera en que caminan cuando están disfrazados.

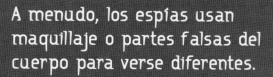

¡DATO!

A menudo, los espías usan maquillaje o partes falsas del cuerpo para verse diferentes.

SHARING INFORMATION

CIA workers study the spies' information. They share terrorist plans with the president. The president has to decide what to do.

FACT! The CIA prepares an update for the president every morning. It is called the President's Daily Brief.

COMPARTIR INFORMACIÓN

Los trabajadores de la CIA estudian la información de los espías. Ellos comparten los planes de los terroristas con el presidente. El presidente tiene que decidir qué hacer.

¡DATO! La CIA prepara una actualización para el presidente cada mañana. Se llama el Reporte Diario del Presidente.

former CIA director
William Webster

Previo Director de la CIA
William Webster

CIA spies hide around the world. They steal enemy secrets. The information they find keeps our country safe.

Los espías de la CIA se esconden por todo el mundo. Ellos roban secretos del enemigo. La información que descubren mantiene a nuestro país seguro.

GLOSSARY

agent (AY-jent)—a foreign spy for the CIA

foreign (FOR-uhn)—from another country

satellite (SAT-uh-lite)—a spacecraft used to send signals and information from one place to another

terrorist (TER-ur-ist)—someone who uses violence and threats to frighten people

undercover (uhn-dur-KUHV-ur)—done in secret

INTERNET SITES

FactHound offers a safe, fun way to find Internet sites related to this book. All of the sites on FactHound have been researched by our staff.

Here's all you do:

Visit *www.facthound.com*

Type in this code: 9781620651728

GLOSARIO

el agente—un espía extranjero que trabaja para la CIA

encubierto—hecho en secreto

extranjero—de otro país

el satélite—una nave espacial que envía señales e información de un lugar a otro

el terrorista—alguien que usa la violencia y las amenazas para asustar a la gente

SITIOS DE INTERNET

FactHound brinda una forma segura y divertida de encontrar sitios de Internet relacionados con este libro. Todos los sitios en FactHound han sido investigados por nuestro personal.

Esto es todo lo que tienes que hacer:

Visita *www.facthound.com*

Ingresa este código: 9781620651728

INDEX

ÍNDICE